中华中医昆仑

王孝涛学术评传

张镜源◎主编

中国盲文出版社

图书在版编目（CIP）数据

王孝涛学术评传（大字版）/ 张镜源主编. —北京：中国盲文出版社，2015.12
（中华中医昆仑）
ISBN 978-7-5002-6838-3

Ⅰ. ①王… Ⅱ. ①张… Ⅲ. ①王孝涛—评传 Ⅳ. ①K826.2

中国版本图书馆 CIP 数据核字（2015）第 316747 号

王孝涛学术评传

主　　编：张镜源
责任编辑：张冬芝
出版发行：中国盲文出版社
社　　址：北京市西城区太平街甲 6 号
邮政编码：100050
印　　刷：北京华联印刷有限公司
经　　销：新华书店
开　　本：700×1000　1/16
字　　数：42 千字
印　　张：6.5
版　　次：2015 年 12 月第 1 版　2015 年 12 月第 1 次印刷
书　　号：ISBN 978-7-5002-6838-3/K·443
定　　价：12.00 元
销售服务热线：（010）83190297　83190289　83190292

丛书编委会

前言

中医药是中华民族的伟大创造，是世界医学宝库中的夺目瑰宝，数千年来为中华民族的繁衍昌盛作出了巨大的不可磨灭的贡献，至今仍是中国医药卫生事业不可分割的重要组成部分，在维护民族体魄康健、促进经济社会发展中发挥着不可替代的作用。

中医药学，是中华传统文化和科技文明的结晶，是勤劳聪慧的中华儿女在几千年生产生活实践中，在与疾病作斗争的过程中，创造的独具特色的医学科学体系。它有着浓郁的民族特色、深厚的文化底蕴和丰富的哲学内涵。经过一代又一代中医药传人、一辈又一辈名医大家的实践探索、薪火传承、总结完善、创新发展，逐步形成了系统的理论体系、独特的诊疗方法、丰富的医学内容、实用的制药技术。具有疗效确切、用药安全、应诊灵活、普适简廉和预防保健作用显著的巨大优势，在世界医学之林独树一帜，为人类的文明进步与医疗保健事业，已经并正在作出积极的贡献。

为了弘扬中华民族传统文化，彰显中医药学家的丰功伟绩，当代中医药发展研究中心与中国文学艺术界联合会、国家中医药管理局新闻办公室、中华中医药学会、中国中医科学院、北京中医药大学、世界中医药学会联合会等精诚合作，在国家中医药管理局的支持和指导下，为中华近现代百年来贡献卓著、深受敬仰的150位中医药学家，编撰出版了这部大型传记丛书。丛书采用评传体裁，记载他们的生平事迹、医术专长、学术思想、传承教育、医风医德、养生之道和突出贡献，使这些宝贵的医学成就和精神财富发扬光大，千古流芳。

丛书取名《中华中医昆仑》。昆仑山，被尊为“万山之祖”，柱西北而瞰东南，立中国而凭世界，凌驾乾坤，巍然屹立。以其高峻豪迈、绵延起伏的磅礴气势，寓意中华中医药学历史悠久、博大精深和永不衰竭；以其挺拔雄伟、高耸入云的恢弘气魄，彪炳一代中医药学家的丰功伟绩、杰出贡献和不朽勋业。

丛书入选传主，从全国范围推荐遴选，遍及中医药界各个领域。有临床家、理论家、药学家、教育家、医史文献学家；有名师亲授、世医家教、学派传人、院校毕业和自学成才者；有师徒并驾、父子齐名和伉俪联袂者。他们学术造诣深厚、诊疗技术精湛、临床经验丰富、学科地位崇高、科研成果丰硕、医风医德高尚、国内外影响较大，从医学理论到临床实践，为中医药事业的传承和发展作出了突出贡献，是近现代百年来中华中医药界的杰出代表。

丛书的出版，对于弘扬中华文化，振兴中医药事业，造就中医药人才，普及中医药知识，具有重要的现实意义和深远的历史意义。这是一项开创性工作，填补了我国为著名中医药学家大规模撰写传记的空白；也是一项抢救性工作，因入选传主已仙逝过半，许多亲历、亲见、亲闻的史料日见散逸，将之收集整理、编撰成书，功垂后世、利国利民；更是一项承前启后的工作，总结传主经验，传承中医药伟业，继往开来，光耀世界医学之林。这部医文结合，富蕴历史性、学术性、文学性和实用性的鸿篇巨制，对医疗、卫生、科研、教育及全球关注中华中医药文化的各界人士，都有重要的参考和阅读价值。

丛书的编撰出版，是一项巨大的中医药文

化建设工程，在策划、撰写、编辑、出版过程中，自始至终得到了国家有关领导、政府部门及社会各界人士的关心和支持。国家中医药管理局高度重视，并组织专家对全书进行终审；数百名专家、学者亲临指导，参与规划；有关省、市、自治区卫生厅、局、中医局（处）给予大力帮助；传主及其亲属、弟子热情支持、密切配合；撰稿人深情满怀、辛勤笔耕；编审专家尽心竭力、精工细琢；关爱中医药事业的企业家热心公益、慷慨资助；全体工作人员不辞辛劳、无私奉献，这一切使丛书得以顺利出版。对此，我们深表谢意。

由于时间紧迫和资料搜集困难，加之水平有限，难免有疏误之处，敬请广大读者批评指正。

中华中医药学，历史悠久，源远流长，发端于远古，奔向于未来。百年对于历史，不过是短暂的瞬间；百人对于万众，不过是沧海一粟。然本丛书所记载的百年百人，则无疑是波澜壮阔的中医药发展史上辉煌的篇章和光芒闪烁的璀璨星辰。

张镜源

目录

愿以上达之志　求得寿益人间

——王孝涛

王孝涛，1928年出生，中药炮制学家。浙江平阳人。1951年毕业于浙江医学院药科。后由国家统一分配到中央卫生研究院中国医药研究所工作。1954年调卫生部中医研究院筹备处，参与筹建中药研究所，并先后任生药室、炮制室主任。1985年后曾任中国中医研究院及中药研究所专家委员会和学术委员会委员，院、所两级高级专业技术职务评审委员会委员，中国中医科学院著名中医药专家学术经验传承博士后合作导师，国家中医药管理局中药高级职务评审委员会副主任，国家中医药管理局中医药工作咨询委员会委员，全国老中医药专家学术经验继承工作指导老师，北京中医药大学客座教授，国家药典委员会第四、五、六、七届委员，国家科委国家秘密技术审查专家组专家，中国军事医学科学院毒物药物研究所学术顾问，中国社会经济调查中心专家委员会委员，中华中医药学会中药学会副主任委员，中药炮制科学研究会会长，中国药学会理事，中国民间中医医药研究开发协会理事，中华中医药学会炮制分会名誉主任，中国药文化研究会顾问及专家委员会学术顾问，中国中药协会中药饮片专业委员会名誉主任，中国药材集团公司发展战略委员会顾问委员；《中国中药杂志》、《药学通报》（后改名为《中国药学杂志》）、《中成药研究》、《时珍国医国药》、《中药研究与信息杂志》编委、顾问，《中医杂志》特约编委，《医药世界》专家委员会常务委员等。曾任全国政协第六、七、八、九届委员，全国政协科教文卫体委员会委员。2007 年被评选为国家级非物质文化遗产“中药炮制技术”项目传承人。2009年被评为非物质文化遗产保护工作先进个人。同年被中华中医药学会聘为终身理事。享受国务院政府特殊津贴。

王孝涛从事中药饮片炮制和道地药材质量科研工作50余年，先后编纂出版了9部中药炮制学专著。《历代中药炮制资料辑要》荣获1975年院级成果奖，《中药炮制经验集成》荣获1978年卫生部全国医药卫生科技大会科技成果奖，《全国中药炮制规范》荣获1989年中国中医研究院科技成果一等奖，《历代中药炮制法汇典》荣获1991年全国首届优秀医史文献图书银奖。其炮制工艺改进的科研工作先后获得卫生部、国家中医药管理局、中国中医科学院多个奖项。2008年获中国中医科学院荣誉首席研究员称号。先后公开发表110多篇专业论文。

远山含灵秀　志士出寒门

王孝涛祖籍浙江省平阳县南湖乡。

平阳县西南部就是浙南名胜南雁荡山，由浙闽边境的洞宫山山脉绵延而来。南雁荡山由“山顶有荡，秋雁栖之”而得名，山脉连连，峰岩叠叠，最高峰达海拔 1237 米，其间奇峰怪石，异洞幽径，危崖峭壁，流泉飞瀑，构成一幅幅梦幻般的图景。山的东面有一“会文书院”，是北宋名儒陈经邦、陈经正兄弟读书处。后二陈北上，受业于理学家程颢、程颐门下，率先将洛学（理学主脉）传入浙江。南宋理学名家朱熹也曾率弟子来此讲学，有楹联“伊洛微言持敬始，永嘉前辈读书多”。会文书院现成为缅怀先贤、培育后学之处，有楹联云：“前良翰，后端彦，予何人哉；上棂星，下碧溪，今犹昔也。”

源自南雁荡山的畴溪、顺溪、青溪、雁溪汇合于一个叫做“水头”的繁华小镇，形成了浙江七大水系之一的鳌江。

山、江之间有个四面环山的小盆地，盆地中有水田万余亩，因地形如湖而得名南湖。古时这里的确是个湖泊，后因长期淤积而成了盆地。清代平阳知县何子祥曾赞之云：“湖水深畅清泚，堤岸宽坦四达，沿岸桥梁，红楹垂杨，绿栏拂柳，尽日画舫往来，笙歌不断，如杭州西湖然。”（《蓉林笔钞》）

就在南湖的南部，有两座山峰比肩而立，一称海尖山，一称鹿角山。两峰间一屏飞瀑从天而降，化作灌溉农田的水源，润泽一方。

1928 年 6 月 15 日，王孝涛就出生在这里一个叫“鹿角山村”的小村子里。鳌江流过村子的东北部，每当江水涨潮时，波涛汹涌，状如巨鳌负山，所以这里又被称为“东海之滨，鳌水之头”，取巨鳌镇浪、压邪保安的吉祥之意。穿过鳌江向北，可到达温州；向东可抵达浩瀚无际的东海，溯鳌江而上，可到达水头镇。

鹿角山村在鹿角山的北侧，小桥流水，炊烟缭绕，是一个美丽恬静的地方。这里四季分明，冬无严寒，夏无酷暑，春秋宜人，雨水丰沛，温暖湿润。宋代赵巩在《壁记》一文中称道：“温之为州、浙东极处，冬无祁寒，夏无盛暑，而平又居于郡之南界，与闽密迩。故其气候恒燠，春夏之间多雨，地颇卑湿，夏则多风，冬则少霜雪，草木经冬不甚黄落，时有开花发芽者。”

据说，居住于此的王氏家族来自闽南泉州安溪县蓬州镇。明代万历年间，为避战乱，王氏家族从闽南老家北迁，见此处道路闭塞，土地肥美，宜于生存，便落户下来。至今，这里的王氏族人言语间还透着浓浓的闽南口音。

王家世代务农。到了王孝涛的祖父一辈时，其祖父向邻村一位姓吴的乡郎中学会了眼科技术，在村里开了个小药铺，平时也给人看看病，赚点诊费药钱。后来祖父将手艺传给了王孝涛的父亲。王家生活虽说不上富裕，倒也衣食不缺。家乡秀美的自然风光和浓郁的人文环境，陪伴幼小的王孝涛度过了幸福的童年。鹿角山村山清水秀，物产丰富，是典型的江南鱼米之乡。附近的鹿角山、海尖山上，成片的松林、竹林、果林，蓊蓊郁郁，青翠碧绿，几处瀑布如烟似雾，弯弯河溪欢快地流淌。四季分明的山间，春天油菜花金黄一片，夏天池塘中荷花斗艳，秋天田野中稻谷芳香，冬天农闲更是热闹，龙灯、南戏、木偶戏都会来到村里表演。

童年的王孝涛跟着大人放牛，捕鱼，抓甲鱼，捉螃蟹，摸田螺……大人在水田犁地时，常常翻出一些活物来，他光着小脚丫紧随其后，把还在蹦跳的泥鳅、青蛙、黄鳝等抓到小箩筐里……孩提时代，他自由自在地在大自然的怀抱里成长。

家乡的大地蕴藏着丰富的中草药资源，乡亲们也懂得中草药的一般知识。幼时的王孝涛也已知晓了许多与医药有关的民俗，了解了不少中医药知识。如清明时节家家用鼠曲菜做清明果；端午节户户要避邪，挂菖蒲、艾叶，喝雄黄酒；夏天有病无病都饮黄连水以防痢疾；秋天吃用槐花做的九层糕……浙南山区有很多种中草药，农民靠草药治病，如夏天小孩腹泻，就采新鲜凤尾草捣成汁加蜂蜜喝，也有人用马齿苋煎汤治疗。民间有自己的单方，如消疖子用金银花、黄蜀葵；烫伤外用仙人掌等。浙南山区割草、砍竹子的农民戴的笠帽上，常常别着一簇簇金黄色毛茸茸的物品，那是中药金毛狗脊，农民随身携带以备止血。王孝涛上小学时，有一次做风筝，手指被刀划破，家人买来

“刀疮药”配服黄酒，立刻就将血止住了。家乡的山山水水、一草一木，给幼年的王孝涛讲述了许多生动的中医药故事。

父亲在小药铺坐堂看病，母亲协助配制眼药，在家庭的熏陶下，王孝涛自幼就耳濡目染看到了中医是如何治疗疾病，中药是如何炮制、制剂的。有一次，一位患了眼病的亲戚来看病，父亲就在手掌中依次摆放着绿豆、豌豆、蚕豆等大小不同的豆类，让患者判断多少，这是测试患者视力的方法。当时患者只能模糊地看到蚕豆，父亲留他在家中居住治疗。经过一段时间，病人已经能辨别清楚豌豆和绿豆了。由于治病疗效好，王家眼科小有名气，四里八乡常有病患前来求诊。王孝涛小时候也常模仿大人，拿豆类请小朋友辨认来测试视力，这成了他幼时常玩的游戏。

王孝涛排行老三，上面有一个哥哥、一个姐姐，下面有两个弟弟、一个妹妹。兄弟姐妹六人。由于父亲去世较早，一家人的生活重担靠母亲来支撑。母亲邓桂芬，识字不多，勤俭朴实，通情达理。外祖父邓筱华，住在南湖北山村，是当时乡里为数不多读过书的老先生，他看到女儿家的困难，便常来照顾。大姐嫁到邻村，姐夫陈国卿是师范学校的毕业生，曾在水头中心小学教书。王孝涛上学住校的费用经常靠他帮助。大哥毕业于温州师范学校普通班，1945 年参加革命工作，同年加入中国共产党。1949 年后曾任浙江舟山普陀县主管文教的副县长，兼普陀中学校长。后因伤病回到家乡，先后任平阳第二中学、第三中学及山门中学党支部书记兼校长。由于家庭经济困难，王孝涛的大姐、三弟、四弟和妹妹，都只读到小学毕业。他们一辈子都在家乡的南湖、水头和鳌头等地工作和生活。

王孝涛 1934 年进入湖滨小学读初小。早在他 5 岁时，因为家里孩子多，母亲照顾不过来，姐姐上学时已把弟弟带到学校跟着她“陪读”了。所谓湖滨小学，是邻村一个以古庙改建的山村小学，只有一位跛足的老师。王孝涛跟着姐姐听课，还帮别的同学打水磨墨。他觉得磨墨很好玩，常弄得满身墨黑，回家少不了大姐为他向母亲求情。他对学习的热情与日俱增，后来正式上小学，聪明好学的他成绩总在前三名。他在班里年纪最小，个头不高，经常受到大孩子们的欺负。下课时故意堵在教室门口，不让他出去玩儿；上课时又堵住门口不让他进去。生性不服输的王孝涛哪肯俯首帖耳。一天他故意留在最后，当教室里没人时，就爬上椅子，将纸篓放在门框上，原打算袭击大孩子们，哪知这回碰巧是老师先进门，结果闯了大祸，纸篓扣在了老师身上！老师当时没生气，可把孝涛吓出了一身冷汗。下课后他马上跑到老师那里认错。老师问清了原委，并没有批评他，而是对那几位大同学进行了教育。以后大孩子再也不敢欺负他了。

小学期间的一件事情，王孝涛至今记忆犹新。那时水头区的小学校要进行演讲比赛，各学校都积极准备参加。湖滨小学选出王孝涛作代表。由于他从来没有听说过什么是演讲会，也不知道怎么做准备，心里直打鼓。但老师还是坚持要他去，同时鼓励他，告诉他演讲会是水头区各小学都要参加的学生演讲，其他人与他一样都是头一次。如果讲得好，不但给学校增光，个人还会得到奖励。王孝涛有了勇气，虽然只有一个星期的准备时间，但他尽最大努力背稿子，决定上场一试。到了演讲会那天，老师清早就把他带到水头中心小学。参讲的小学生有 10 多位，都在一块休息、准备、背稿子。此时，王孝涛忽然发现自己的稿子不见了，正在到处寻找的时候，主持老师点到他的名字，要他上台演讲。他只好凭借自己对讲稿的理解自由发挥进行演讲。由于不是照稿死背，反而得到评委老师的好评，得了奖。他感到自豪，总算为学校赢得了荣誉，回校后他也受到了表扬。

王孝涛聪明伶俐，有时候好动调皮，母亲有些不放心。每天放学后都要问他："今天考试了没有？考了几分？"王孝涛的回答非常干脆："100 分！"母亲总是将信将疑。当地的风俗每逢过年过节时，家长都要请老师到家里吃饭。一次请了老师到家里吃饭，母亲特意问起，王孝涛的成绩是否都是 100 分。老师笑道："不会都是 100 分吧，作文就不容易得 100 分的。"母亲叫过孝涛当着老师的面问他："你为什么要讲谎话？""我没有讲谎话。我在交卷时，就认为我应该是 100 分，老师给不给打 100 分是老师的事！"他满有理地说完后撒腿就跑，搞得老师和母亲都哈哈大笑起来。

孝涛的大哥刚念中学的那年暑假，湖滨小学开办了古文补习班，请来老师给大家补课，被请的老师正是孝涛的外祖父。大哥每次都带着孝涛去听课。外祖父讲完后，不仅要求熟读，还要背诵。第一讲是唐代王勃的《滕王阁序》。当全文讲完后，老师会要求同学们一个接一个地背诵课文。孝涛的记忆力特别强，当有些学生背诵卡壳时，大哥就让孝涛给他们“提词儿”。到了这个时候孝涛才明白大哥带他来的用意。

家里来了外祖父，给孝涛带来了许多欢乐。闲暇之时，身材胖硕的外祖父喜欢躺在躺椅上休息，孝涛跑到他的背后给他扇扇子。每当晚饭后在院里乘凉时，孝涛就缠着外祖父，让他讲故事。外祖父讲了神童王勃的故事、徐文长的故事……王孝涛也就是在这个时候背诵了许多古文。如今在他的枕头边上，还有《滕王阁序》的原文。

小学时的记忆里，王孝涛印象最深刻的就是敌机轰炸。1937 年以后，日本侵略者的飞机经常飞到家乡的天空中，学生们经常要在上课时跑到外面躲避飞机炸弹。由于水头地处山区，相对比较安全，在外地当高中老师、大学教授的不少同乡，也纷纷回到家乡来避难。这些人中就有知名数学家苏步青（腾蛟人，当时他的两个儿子都和王孝涛是同学，一位还是同班同学），还有新四军派来的人。他们利用课余时间向学生们宣传抗日救国的道理，教唱抗战歌曲，王孝涛至今还记得歌词："交冬腊月喝凉水，一点一滴记在心，官不抵抗民抵抗，万民百姓遭灾殃……"通过他们的宣传，幼小的王孝涛初步知晓国家贫穷、备受外侮的原因。

念完初小，王孝涛到水头中心学校继续读高小。高小是住校学习，每周日回家。上学的费用更增添了家里的负担，幸好他的姐夫任教于这所学校，有时就代他交学杂费，缓解家里的困难。高小毕业后，继续读书已是不太可能了。家里供大哥读中学经济上已经非常吃力。

外祖父、族内叔公、母亲等长辈，还有姐夫一起商量，一致认为王孝涛已经不小了，而且身体强壮，不像大哥身体瘦弱，因此他适合留在家里干农活，以维持家里的生计。这个决定对于王孝涛来说无疑是晴天霹雳，他希望能继续上中学。想来想去，只有姐夫家比较富裕，还多次帮助他交过学费，便去求他帮忙。姐夫很为难，家庭会议他是参加了的，他不能反对长辈们的意见，于是他给王孝涛出了个主意："你如果一定要上，就努力复习，考个好成绩，报考省里学校的公费生。"王孝涛顿时振奋起来，庆幸天无绝人之路，他请姐夫代向长辈们求情，如果考不上公费生就回家务农。母亲平和地对他说："家里的情况你很清楚了，是没有办法才不让你再上学的，既然你提出要考公费，那就去试试吧。"他喜出望外，坚定地说："我一定要考上公费生，继续上学！"随后，他夜以继日，闭门苦读。母亲看在眼里，痛在心里。她百感交加，儿子懂事了，会有一个光明的前途；同时又担心儿子太辛苦，怕搞坏了身体。她流着泪语重心长地说：“儿子啊，我虽然不能做状元妻，可我要做状元母啊！”王孝涛明白母亲的心意，泪流满面，向天发誓：“我一定要让您当上状元母！”

参加考试后，王孝涛踏实地回到家里，他自忖考得不错。果然，大约过了半个月，两个陌生人来到王家大门前，突然取出早就准备好的锣敲了起来，并展开喜报走进祖屋大厅，这时宗族中的堂五叔公明白了来意，连忙出来接待，给来人打赏，然后带着王孝涛向祖宗牌位上香作揖，在贡桌前挂上喜报。母亲抑制不住喜悦，晚上破例给儿子做了面条和荷包蛋。王孝涛默默地想，一定要珍惜这个决定自己命运的机会，好好学习。

求学遇名师　奋进成贤才

1941 年，王孝涛考上省立温州中学初中部的公费生。公费生不在校本部上学，而是在青田县的水南。水南地处瓯江上游山区，离家乡很远。从水头到青田走陆路要翻山越岭，路途艰险，他只能绕走水路。从水头坐船沿鳌江水路下行到达鳌江镇，再换乘内河小船到平阳，换小船到瑞安，渡过飞云江后，再换乘内河小船到达温州市，然后换两头尖的木帆江船向西，闯过险滩，逆流而行，约经一天一夜才能到达水南，前后大约需要两三天的时间。途中无论坐船过渡，还是住店，都是要花钱的。筹集路费又让他和母亲发愁，没有路费考上了公费生也是枉然。聪明的王孝涛想出一个“贷款”的办法：以抵押田地的方法向族亲借钱。母亲同意后，他向堂叔公等长辈商议借钱，承诺学成后加倍偿还。在堂叔公的带头下，家族中几位经济宽裕的长辈为王孝涛筹集了上学的费用，不仅路费得到了解决，还有了一些生活费。王孝涛继续上学的愿望总算可以实现了。

开学前，王孝涛约好同学，各自挑着行李，前往学校。学校虽受群山阻隔，交通不便，倒是躲避战火、乱中取静、安心学习的好地方。这里山高林密，碧水蓝天，沿溪流上行，有著名的石门洞，洞口很小，只容小船送人进洞。洞内是另一番世界，有喷泉流瀑倾泻而下，形若垂练，溅如跳珠，散似银雾，更有石阶亭阁及明代政治家刘伯温的读书古迹。

学校借用一个破庙——栖霞寺作为校舍。抗战时期十分艰苦，没有电灯，更没有自来水，学生自备小桐油灯作为早晚自修照明之用，确有古人挑灯夜读之感。日军的飞机不时来侵扰，王孝涛和同学们经常以栗子林、果林作掩护，躲过敌机的轰炸。山村里缺医少药，有些同学染上了疟疾等病，生活、学习处于困难重重的境地。在艰苦的环境中，王孝涛逐渐懂得了一个道理：国家贫穷落后就会遭致外国列强的侵略和凌辱。为此他立志要“发奋求学，力图救国”。在老师的关怀和教育下，王孝涛十分珍惜得来不易的学习机会，刻苦攻读，取得优等的成绩。他还积极参加课外活动，参加篮球队锻炼身体，加入温中剧团宣传抗日救国。剧团曾在青田县城演出抗日话剧《卖花女》，王孝涛担任男主角，受到学校和当地民众的好评。有一次学校组织“测绘”技术比赛，王孝涛利用测绘木板和指南针，将学校所在地周围的住房、小路、水沟、小桥等绘制成地图，获得了比赛的“金狮奖”。

语文老师廖家驹先生非常喜欢王孝涛，在

临近毕业前专门为他题词“上达”以示鼓励，并注释为：“人须有上达之志，期能成就其事功。”王孝涛很受鼓舞，“上达之志”成为激励他一生的座右铭，以其精神时刻鞭策自己。从完成学业到勤奋工作，上达的精神伴随着王孝涛走过了风风雨雨，激励他成就了一番轰轰烈烈的事业。日后几十年中，王孝涛和同事们创建了我国第一个中药炮制学实验室，完成了国家“七五”、“八五”中药炮制攻关项目和九部专著，荣获了部、局级科研成果奖和世界文化理事会颁发的科学奖状，荣获首批国家级非物质文化遗产“中药炮制技术”项目代表性传承人称号和保护工作先进个人的光荣称号。至今，王孝涛依然在为最终达到中药饮片生产工业化、现代化以造福于人民的目的而尽职尽责。

1944 年初中毕业后，王孝涛考上了浙江省联合高级中学（简称“联高”）。该校原是浙江省立杭州高级中学。抗日战争开始后，为避战火，杭州、嘉兴、湖州的几个中学组成联合中学南迁到丽水县碧湖镇，1942年又转迁到青田县南田村（今属温州市文成县）。校长是著名教育家崔东伯先生。南田村地处高山群抱中的一块准平原，海拔八百多米，是明代政治家刘伯温的祖籍所在，学校正是借用刘氏宗祠为舍。这里山高林密，松涛阵阵，是一个学习的好地方。但因山路崎岖，群山阻隔，运输全靠人力，因而物资非常短缺，师生们的生活甚为清苦。

1945年日本投降后，联高回迁杭州，师生自南田下山到青田县，再沿公路步行北上。王孝涛与同学们雇用独轮车把行李运到诸暨，再转火车到杭州。学校在杭州盐桥原贡院旧址，校园里还留有古老的鹤亭、游泳池、小洋楼，大门附近是一排排两层楼房，最后排是老师宿舍。学校后大门的右侧还有抗战时期被炸得坑坑洼洼的大广场。

联高返回杭州后，恢复原校名浙江省立杭

州高级中学，这所学校已有110年的历史，前身是清末杭州知府林启创建于1899年的“养正书塾”，之后经十多次易名，如杭州府中学堂、浙江省立第一中学堂、浙江省高级中学等，到1988年正式恢复到1929年时的原称浙江省杭州高级中学，简称“杭高”。在这所学校里曾有诸多名家任教任职，陈叔通、鲁迅、李叔同、夏丏尊、陈望道、刘大白、朱自清、俞平伯、叶圣陶等都曾在这里任教，沈钧儒、经亨颐、马叙伦、蒋梦麟等曾在这里担任校长。一百多年来，这里走出的莘莘学子，有革命志士，有文化名流，也有科技精英，如郁达夫、柔石、曹聚仁、徐志摩、冯雪峰、潘天寿、丰子恺、华君武、金庸、蒋筑英等。

联高迁回杭州后，在校长崔东伯的主持下，学校保留着一支高素质的教师队伍，王孝涛至今还记得教过他的许多老师的姓名。图书馆有数万册图书，实验室的许多药品和仪器也保存完好。与山沟里相比，这里真是天堂，教室窗明几净，宿舍、食堂、运动场所一应俱全。学校还传承着德、智、体、美、群“五育”的优良校风。王孝涛这届学生分为甲、乙两个班，甲班侧重于理科，称为“大风级”；王孝涛在乙班，侧重于文科，称为“敷文级”。“敷文”出自《尚书》“文命敷于四海”，含“文命惠及天下”之意。班上50多位同学，其中有8位后来学医药学。杭高学生与浙江大学素有密切联系，目睹当时官场的贪污腐败，王孝涛与班里同学积极参加了浙大主办的著名爱国人士、经济学家马寅初先生的爱国演讲。马寅初是位具有博学真知、远见卓识而又极有感染力的学者，他的演讲总会赢得暴风雨般的掌声。在他的思想激励和启迪下，王孝涛参加了1946年的“反对开放内河航运权”的游行抗议活动……在积极参加社会活动的同时，王孝涛并没有忘记作为一个学生的本分，他相信要想使国家强大、百姓生活幸福，就必须学好文化知识，这期间他总是“晨起鸟啼前，晚卧人静后”，刻苦地学习。

1947年高中毕业，王孝涛报考了上海复旦大学新闻系，因为他自幼就怀着“为民请命”的梦想。然而，当他从上海考试回来后，同学傅家铫告诉他：“我已经替你报了浙江医学院了。”王孝涛说：“我不学医，我怕死人！”傅家铫说：“那你就陪我考吧！”王孝涛答应了。有意栽花花不开，无心插柳柳成荫。新闻系落榜的王孝涛和傅家铫都考上了浙江医学院。为了避免和尸体打交道，王孝涛申请到药科专业，从此走上了虽然不是他自愿选择却成为他终生事业的药学道路。

浙江医学院是全国最早的一所有留学归国人才担任药科教授的学校：药科主任是留学德国的毒物化学家黄鸣驹，还有留英的药剂学家顾学裘，留德的药物分析家许植方，留德的药物化学家张其楷，留法的生药学家叶三多，留日的分析化学家于达望，留美的制药工程学家胡君美，留日的植物化学家汪良寄，留日的客座教授植物化学家曾广方，留英的药理学家张昌绍等，真是名师荟萃，人才济济。

药科学制五年，高年级后药科分四个专业，即生药、药剂（制药）、分析和药化。王孝涛被分到生药专业，当时只有两名学生，而教师有助教、讲师、教授20多名。分专业的目的是为学生减轻负担，但生药系反而增加了两门新课程，即粉末生药学和药植栽培。粉末生药课由叶三多老师兼任，药植栽培课由浙江农大的老师兼任，制药工程学由胡君美老师担任。这些课程为王孝涛日后从事生药学和中药炮制学研究工作打下了扎实的基础。

中华人民共和国成立后，学校对家庭贫困的同学实行“勤工俭学”，王孝涛参加了绘制药用植物标本和为出版社校对书稿的工作。暑假时为照顾医学院和杭州卫校留校同学的生活，卫生厅安排大家参加杭州防疫大队工作，并选王孝涛作为该校的负责人。经短期培训，同学们有的到街头给群众打预防针，有的做生命调查统计工作。为了解决缺医少药问题，开学后不久，药剂系的顾学裘老师就带领全班同学在盐桥附近筹建了一个药厂，一面供学生实习制药，一面生产供解放军急用的十滴水、八卦丹、生理盐水等药品。这段日子里，王孝涛感觉有使不完的劲儿，每天都乐呵呵的，他相信在共产党的领导下，中国会越来越强大，再也不用担心受外国侵略者的欺负了。

1951年王孝涛大学毕业。华东军区卫生部组织该区医学院校应届毕业生集中到南京金陵大学集训，王孝涛也积极报名参加，通过强化学习，大家在思想政治上有了很大的提高。集训之后由国家统一分配工作。王孝涛被分配到北京，由卫生部安排工作，有三个单位任选：北京医学院药学系、中央药检所、中央卫生研究院。王孝涛选择了中央卫生研究院。

科研万里路　探索生药学

1950年，原在南京的中央卫生实验院迁至北京，与原北平分院合并，组建成中央卫生研究院（1955年其中的中国医药研究所抽出，组建中医研究院，1956年中央卫生研究院改组后更名为中国医学科学院）。研究院院长是著名医学生理学家沈其震教授。

中央卫生研究院迁到北京后建立的中国医药研究所，是根据1950年第一届全国卫生工作会议决定创办的。当时有中医、针灸、生药、药理和医史五个研究室。刚毕业的王孝涛有幸被分配到中国医药研究所参加筹建生药室的工作。在赵燏黄教授指导下，他开始对道地药材当归、地黄、黄芪等进行本草学和生药学的专题研究。历史上对中药缺乏系统的研究，中华人民共和国成立后，对历史悠久的中药遗产的研究摆到了议事日程。王孝涛虽是生药系毕业，但对于常用中药的品种及其主产地与大家一样都不是很清楚。为摸清上述各种实际问题，他建议向各大行政区，各省、直辖市、自治区相关单位发函调查。当时的指导思想是中药要“科学化”，其步骤是循着科学的途径一步一步去做，用植物学去认识中药的科属，用生药学去鉴定它的形态组织，用化学去分析它的成分和性质，用药理学去试验它对生理的作用和功效，最后完成系统的工作报告，供医家临证使用。王孝涛等人首先对中药的家底进行了了解。中药有将近 2000 种，而常用的仅有 400 余种。中药研究室将中药分成植物、矿物和动物三大类，每类又分最常用者、次常用者及较少用者三个等级，还附有中药常用的方剂（丸散膏丹)。他们首先拟定出一份名单，然后下发到各省市药材、国药、参燕相关的商业同业工会，提出具体要求，要求将表中填写错误的划去或改正；若漏填者给予补充；对于最热销的成药给予注明；对于当地最有名的老中医、主要的药店都告知详细资料；还要求将当地对于中药生产的具体建议反映上来，并且耐心地解说了征求意见的原因，是要帮助政府集思广益，整理中药，为中药谋求发展。经过调研分析，王孝涛及同事们整理出常用中药520种，其中最常用中药233种，次常用中药146种，较少用中药141种。他们把研究结果发表在《北京中医》1953年第2卷第4期上。

在中央卫生研究院，王孝涛的业务工作主要是跟随赵燏黄老前辈研究生药。赵燏黄是我国现代生药学和本草学奠基人、先驱和开拓者，中药研究领域的一代大家，在国内外都具有影响。当时中央卫生研究院院址在先农坛里面。

赵燏黄每天来中医药研究所指导工作，对王孝涛等青年悉心引导，使他们懂得了“道地药材”在中医治疗中的重要意义，指导他们进行了本草学和生药学的专题研究，并发表了相关论文，为道地药材的研究积累了科学资料。

1949年以前，我国也有一些科学家进行了中药的研究，但由于刚刚起步，加上条件所限，缺少研究的纲领，很不系统。如对植物药的研究，因为植物科属的不同，产地的不同，都会使植物的组织有变化，化学成分会有差异，如果这个基础工作做不好，其他工作将难以进行，研究成果也很难有普遍性。这个问题在现代科学中属于药用植物学的范畴，在中医学中称为道地药材问题。为开展道地药材的研究，王孝涛和同事们从1953年开始深入到甘肃、青海、四川、内蒙古、山西等中药材主产地，首次广泛地采集到当归、大黄、附子、川芎、甘草、黄芪等大量常用中药的原植物及中药材标本。

王孝涛等人首先来到甘肃。在兰州，他们登上了皋兰山，皋兰山位于兰州市区南侧，兰州之名即来源于此。站在海拔 2170 米的山顶，他们非常兴奋。登临古朴巍峨、青砖碧瓦的三台阁，俯瞰兰州，黄河穿城而过，市容尽收眼底。王孝涛此时感受到祖国山河的壮阔和个人的渺小，决心要为国家做更多的事情。他们由兰州南下来到岷山山区的岷县，实地考察当归，并采集到了带果实的植物标本。

当归属伞形科植物，其鉴别要点是在果实上，如果没有果实，很难确定其种。当归以西北为传统主产地，因处于边远地区，以往交通不便，加之是少数民族居住区，语言沟通也有困难，所以去当地考察的人很少。因此，植物著作中有关当归的基原品种学名，大多引用国外的资料，在老一辈生药学家赵燏黄、李承祜的著作《生药学》中，均认为当归系 Angelica 属和 Ligusticum 属植物的根，并引用日本《国译本草纲目》等资料，列举其原植物有六个品种：一是 Angelica sinensis Diels（本草纲目正品），二是 Ligusticum acutilobum S. et Z.（马尾当归），三是 L. ibukiene Yabe（蚕头当归），四是 L. japonicum Max.（草当归），五是 Angelica 属一种（镵头当归），六是 A. polymorpha Max. var. sinensis Olive（宜昌及汉口输出品），并在正文中说明“原植物产于西北，尚无实地考察的记载”及“是否正确，尚待调查”。李承祜教授书中还附有 L. acutilobum 原植物及药材组织图。国产当归的基原品种问题尚无定论。王孝涛认为只有采集到原植物标本，才能确定其真实的基原品种。为此，他们结合中药当归专题的研究，深入到当归的道地产区采集标本。在当地部队领导和地方政府的协助下，翻山越岭，涉水过河，顺利到达武都专区的岷县等地，在药农的帮助下找到当归的种植地，首次采集到带有果实的原植物全株标本，并向老药农调查总结当归的种植及其采制经验。同时还收集到甘肃主产的当归、大黄、甘草、秦艽、红花等道地商品药材标本。

王孝涛等人考察发现，生长于我国西北山野沙质土壤中的当归，品质最佳，如甘肃天水（旧名秦州）、成县、两当、西固、西和、渭源、武都（旧名阶州）、文县、岷县的山地所产，称为秦归或西归，当地已有大量栽培。而栽培者用木箱装运，故又名“箱归”，为市售当归的最上品。

这次实地考察，历时 3 个多月，考察结束后，王孝涛写出了他的第一篇中药学术论文《当归产区实地调查报告》。在这篇论文中，他首次确定了国产当归的学名，后来被《中华人民共和国药典》（自 1963 年开始的各个版本）所收载。是年王孝涛年仅 26 岁。

王孝涛至今还对当年的情景记忆犹新。当中央电视台《中华医药》记者采访时，他回忆了当时的艰苦甚至危险："当时是雨季，下着雨。我们的汽车过兰州，过黄河桥以后，有个斜坡，汽车刹不住闸，都是黏土啊，那时候很危险，但是我们坐在车里不知道啊。车刹住以后，司机跑到后边来跟我们讲：'大家都好，大家都好。'我们不知道什么意思。后来告诉我们，原来车刹不住了，差一点要到黄河里喝水去。"

严谨求实的精神促进了王孝涛这次实地考察和采集的成功，而考察结果又为他日后的工作打下了坚实的基础。

在赵燏黄先生的指导下，王孝涛等人完成了《药用当归本草学及生药学的研究》论文，论文中详尽考证了历代关于当归形态、产地的记载，分析了其中的正误，结合本次考察得到的实物标本，并利用现代植物学方法，确定马尾当归为古代道地药材的正品，鉴定为 Angelica sinensis（Oliv.）Diels。其他如西川当归、秦州当归、文州当归为上品的同类生药。而所谓日本当归即是西川当归，在西川有栽培，属于当归代用品。其他如建康当归、鄣平当归、草当归、蚕头当归、滁州当归、镵头当归等还待进一步考察。至于《救荒本草》中的杜当归、《植物名实图考》中的土当归，确认属于劣品，应弃之不用。论文还对当归不同部位的药用、混乱品种及生药鉴定等问题作了深入研究和论述，这是一篇本草考证方面的具有范例性质的论文，是赵燏黄、王孝涛师生等共同努力的结果。

完成当归实地调查后，他们由甘肃向西进入青海西宁，进行大黄的调查，并采集当地产的道地药材。然后回到陕西，再由宝鸡坐长途汽车经汉中过四川剑阁直抵成都，继续南下灌县调查川芎、泽泻的生产经验，进而向北深入绵阳地区，进行附子、川麦冬及黄连人工栽培经验的调查，并收集四川当地产的正品药材附子、麦冬、黄连、川芎、泽泻、川楝子等的标本。

其后，他们又结合黄芪专题研究，深入到山西浑源实地调查。后转到内蒙古伊克昭盟杭锦旗等地，主要任务是采集甘草标本。同当归相似，甘草也是我国著名的大宗中药材，不但是中医常用药，亦是西医的用药。传统以主产于内蒙古伊克昭盟杭锦旗等地的“梁外甘草”为道地药材。以往文献中甘草的基原品种学名，也大多引用国外的资料，而国产甘草原植物品种学名问题尚无定论。王孝涛他们深入到主产“梁外甘草”的道地产区内蒙古伊克昭盟的杭锦旗，首次采集到道地甘草的原植物标本及商品药材标本。经过鉴定，确定国产甘草为 Glycyrrhiza uralensis Fisch。并发表相关的调查报告和专业论文。

这次实地考察，他们首次收集到国产当归和国产甘草的道地药材原植物标本，确定了道地药材的科属和品种学名，并发表了相关的调查报告和专业论文，首次澄清了教科书上有争议的品种学名，该品种学名被《中华人民共和国药典》采用，自 1963 年以来各版药典一直沿用。

除对常用中药的基原进行考察外，王孝涛等人还有针对性地对某些常用中药的产地栽培情况进行了调查。四川很多地方都有黄连生产，既有野生，也有栽培。经他们实地调查认为，市场销售的黄连，其产量最多、品质最好者产于峨眉山区和巫山山区，一般称为川黄连。峨眉山区的黄连产地分布在峨眉山海拔 2500 米的山腰间，上至雷洞坪，东北到洪雅，西南到龙池，包括雅安在内，所产的黄连称雅连，品质最好；川东巫山山区的黄连分布在长江南北，长江南岸石柱的黄水坝、桥头坝、三教寺、坑来场、石家坝等地生长的黄连称南岸连，长江以北万县（今万州）、巫溪等地产的黄连称北岸连。川黄连年产量最高时达到过10万kg。上述地区均有人工栽培，但以海拔2400米以上的深山林荫下富含腐殖质的疏松土壤人工栽培最为适合，一般在北向山麓阴凉地带，采用分根和种子两种方法繁殖，通常5～7年采挖。

王孝涛还根据在四川绵阳塘坂乡的调查，写出了《四川麦冬的栽培经验》论文。麦冬是常用中药，在当时四川绵阳已有大批种植，是当地主要副业之一。栽培地区主要集中在绵阳、三台的南明、老马乡等地，而以绵阳的塘坂、民政、丰谷等乡种植最多。该地区海拔高700～1000米，为腐殖质土壤。种植一年后收获，每亩产100～150kg鲜品麦冬，每900kg可获100kg干品。

这一时段王孝涛的主要工作是实地调查，收集药材标本，了解生产采制经验。这也是国家对整个中药情况的普查阶段。从学科上可以把这一时段的工作归结为对道地药材的研究。

1954年国家开始筹建中医研究院，1955年正式成立。它是在卫生部领导下以北京原有的四个医疗单位为基础组建的。四个医疗单位是：中央卫生研究院中国医药研究所、卫生部直属北京中医进修学校、卫生部直属针灸疗法实验所和华北人民医院。王孝涛被分派到中医研究院筹备处工作，参加筹建“中药研究所”及生药研究室、标本室，并任生药研究室筹建负责人。在这期间，他积极参加在职西医学习中医班，系统学习了中医理论及本草学、中药炮制学知识。由赵燏黄讲授本草学，朱颜讲授中医理论，王佩珊讲授炮制学，王德琛讲授针灸学。业务工作方面他们还是继续中央卫生研究院的工作——生药与道地药材的研究，继续实地调查、采集，并进行总结工作。通过学习研究，王孝涛于1956年4月在《上海中医药杂志》发表了《唐代〈千金翼方〉中记载的“道地药材”》一文，这是到目前较早见到的专门研究道地药材的论文。《千金翼方》是唐代著名医学家孙思邈的著作，其卷三“药出州土”是古代医书中最早专门系统介绍药物产地的文献资料。王孝涛敏锐地以此作为他研究道地药材的突破口。他从药铺幌子对道地药材的宣扬，联系到早在《神农本草经》就强调药由“土地所出”。南北朝时陶弘景《本草经集注》更进一步强调：“诸药所生，皆的有境界。秦汉以前，当言列国。今郡县之名，后人所增尔。江东以来，小小杂药多出近道，气力性理不及本邦，假令荆、益不通，则全用历阳当归、钱塘三建，岂得相似？所以疗病不及往人，亦当缘此。”至宋代寇宗奭《本草衍义》指出：“凡用药必须择土地所宜者，则真，用之有据。如上党人参，川西当归，齐州半夏，华州细辛”，足证历代中医学家对道地药材选用极为重视。唐代孙思邈不仅强调“药出州土”的重要，还将道地药材具体化了，他在《千金翼方》中指出：“按本草所出郡县皆是古名，今之学人卒寻而难晓，自圣唐开辟，四海无外，州县名目，事事惟新，所以须甄明即因土地名号后之学者容易即知，其出药土地，凡 133 州，合 519 种，其余州土皆有，不堪进御，故不繁录耳。”书中将唐代各道、州主产药材进行了罗列。王孝涛对此进行了整理，结合古代地名与现代地名的比照，逐一考证。并指出：“道地药材是祖国数千年来用药的良好习惯，这经验告诉我们，同一种植物因生长环境不同，其生长过程中吸收藏贮的物质成分就会不同，因而影响其治疗效用亦就不同。同时，同一种药材由于产区不同，其原植物品种亦可能不同。在唐代科学条件未能具备的情况下，我们祖先能采用‘道地’作鉴别药材的质量，早已暗示着植物的群落和植物体与生长环境影响的意义，目前据了解，有些中药产区分布很广，因此在整理和研究中药时，有必要注意药材的产区问题，可与古代用药情况在药效和原植物品种方面作一比较，这可给研究中药提供更完善的资料。”

在中央卫生研究院，王孝涛还参与了一项工作，就是跟王药雨老大夫一起去沈阳接管东亚医学研究所的图书和中药标本。东亚医学研究所是日本侵华期间在沈阳办的，所藏图书中有许多是珍贵的中医古籍。中医研究院筹建时，王孝涛建议鲁之俊院长将这部分古籍转移过来。鲁之俊院长说：“这些中医古籍是用钱买不到的。”这些图书现今仍保存在中国中医科学院图书馆里，成为馆藏线装书的主体。

渴慕雷公业　深研炮制门

说起王孝涛搞炮制，还有一段故事。

读大学时，有一次王孝涛放假回家，母亲说："你既是学中药的，那好啊，你去把珍珠给我磨碎了。"已经是大学生的王孝涛却被难住了。他以前还真没有注意到家里人是怎样磨珍珠的。珍珠放入乳钵中一磨，就往外蹦，捣也不行。这让他明白了看似平常的中药其实制作起来并不简单，中药在使用之前还有一道重要的"炮制"工序，由此他感到自己所学专业的重要。

与使用植物药的西医不一样，中医除有自己系统的理论外，对植物药材并不是直接使用，而是需要进行加工制成饮片以后，才能进行制剂。中药炮制，是以中药为原料通过精选、切制、煨制、炮制、炒制等方法制成饮片的过程。炮制技术虽然自古就有，但在当时还没有形成一门学科。

中药材只有经过炮制，才能去除毒性、提高疗效，适应中医辨证施治、灵活用药的要求。药材的炮制是中医临床用药的一大特色。中药炮制的文字记载可以追溯到春秋战国时期，在我国现存的第一部医书《黄帝内经》中记载的“治（冶）半夏”即是炮制过的半夏。历史上第一部炮制专著是南北朝时期的《雷公炮炙论》，其中记载了300多种药材的炮制方法，留存至今的有200多种。到了明清时期，中药炮制技术已经相当成熟。李时珍《本草纲目》中专列了“修治”一项，收载了各家炮制之法。除专著外，炮制技术还出现在历代医书的方剂脚注中。由于药材的炮制方法大都是各地区人们用药经验的总结，通常是保密的，只通过师徒授受、言传身教来代代传承。

1958年，为加强继承发展传统中药炮制的科研工作，院里决定由王孝涛负责筹建“中药炮制研究室”。王孝涛认为应该从两方面入手进行工作，一是向古人学习，整理历代有关炮制的重要文献资料；二是向今人学习，调查当代老药工的炮制经验。于是在他的带领下，炮制室人员深入北京、天津、苏州、上海、杭州、武汉、广州、重庆、成都、西安等地的中药饮片厂，总结老药工师傅现行的传统中药炮制技术与经验，首次将近400年来仅靠师徒间口传心授的传统生产技术记载为文字资料。

王孝涛和同事们到饮片厂车间向老师傅学习炮制技术。中药炮制技术是我国古代医药工作者和劳动人民创造的，由于历史条件的制约，各地形成了各自不同的炮制特色，各种饮片为了不同的治疗需求也有不同的炮制方法，这是一份非常宝贵的非物质文化遗产。当时中药饮片炮制多属于私人生产经营，自家的传统制药技术，在各中药厂（店）之间是处于相互封闭状态的。所谓中药饮片厂实际上就是私人作坊，生产条件很差，工艺很原始，空气中弥漫着粉尘，又热又脏。王孝涛和同事们白天像小学生一样向药工师傅学习，抢着干重活脏活，晚上把白天看到的记录下来，整理出来，第二天带上写的东西再向老师傅请教，核实记录是否准确。王孝涛还告诫同事们，一定要放下架子，不要以为自己是知识分子就了不起，不要指手画脚，要虚心地向老药工学习。就这样王孝涛和同事们一个地方接着一个地方地深入基层调查研究，取得了宝贵的第一手资料。

20 世纪 50 年代，广大药工怀着当家做主人的心情，王孝涛他们又持有卫生部药政局下发的文件，再加上他们虚心学习的态度，使工作进展得比较顺利。有关省市都组织当地精通炮制中药的老师傅和有经验的老药工参加中药炮制技术研讨小组，大家以口述并相互补充的方式，对各种常用饮片的炮制工艺规程、制作要点、辅料种类和用量、生产用具及设备等炮制生产经验技术，作了详细说明，最后形成了翔实的文字记录，并按炮制规程的净选、切制和炮炙三大工序，整理编写成技术文字资料。此后王孝涛又以搜集到的全国28个主要城市现行的炮制经验技术资料为基础，组织编写小组，提出应保留地方特色的炮制经验技术，根据中医理论和用药特色，提出以“并同存异”的原则进行综合整理，汇编成《中药炮制经验集成》一书。该书真实地反映了当时全国的饮片炮制生产经验和地方习用特色的炮制技术，亦是首次将全国性的世代师徒间口传心授的传统炮制经验技术编著成宝贵的文字资料。该书曾获1978年卫生部全国医药卫生科技大奖。

王孝涛与同行协作，遴选出汉代至清代的

主要医药文献200多部，辑录其中有关炮制的技术和理论资料，经过整理，以年代先后为序加以排列。王孝涛还率领同事们坚持搜集古代文献留存下来的炮制经验，他们一本书接一本书地阅读，一字一句地摘抄，经过不懈的努力，于1965年完成了《历代中药炮制资料辑要》专著，为开展中药饮片炮制的科学研究提供了丰富的技术资料。该书可谓是历史上最为完善的一部中药炮制历代文献资料汇编，获1975年中国中医研究院科技成果奖。

《中药炮制经验集成》和《历代中药炮制资料辑要》两书的问世，有着非常重要的意义。《中药炮制经验集成》收载501种常用中药的不同炮制品的制作方法，绪论分述了中药炮制的意义和范围、历代炮制的发展概况和常用的基本炮制方法。各论按治削（净制、切制）、炮制、药效加以叙述，对每种中药分别列出炮制品的名称、炮制方法和功用等。其中炮制方法按生熟不同炮制品的制作方法加以分述，并按炒、煮、蒸、炙、煨、烫、煅、制炭、法制等制作方法略加归纳。各地经验基本相同者则合并列出，文后加注地名。各炮制品加注古代资料出处。《历代中药炮制资料辑要》较系统地整理了上自《黄帝内经》、《神农本草经》时期，下至清代的大量医著中有关中药炮制的技术资料，按年代先后编排汇集，为研究传统中药制药技术的起源、发展沿革、炮制传统理论等提供了重要的参考资料。《中药炮制经验集成》和《历代中药炮制资料辑要》两书是对古、近代中药饮片炮制研究较为全面的专著，也是现代最早的关于这方面研究的著作，为全面继承中药炮制学术遗产作出了贡献，并为当今开展中药炮制的科学研究提供了甚有价值的资料。直到今天，这两本著作依然深受炮制同行的好评，为中药炮制学科的创立和发展奠定了坚实的基础。

为了完成这两部著作，王孝涛付出了很大的代价，因为长时间伏案工作，致使第四、五颈椎滑脱，难以低头。熟悉他的人们都知道，在他的办公室有一张特殊的被加高的办公桌。在老式办公桌下面垫着一个一尺多高的旧木箱。这张办公桌是他在 20 世纪 70 年代为了工作方便，写东西不需要低头而“特制”的。在办公桌的后面是一排书柜，里面摆满了王孝涛收集、整理、研究和编撰的关于中药炮制方法的书籍、标本及其他资料。

在王孝涛和同事们的辛勤努力下，中药炮制学逐步成为一个新的学科。这个学科既古老又年轻，古老体现在它的历史悠久，它是数千年来中华民族用药经验的总结和理论升华；年轻则体现在其重要任务是用现代科学的方法来探讨其中深奥的理论内涵、挖掘丰富的中医用药经验。

传统记载和民间采用的炮制方法是否真的

有效？有没有需要改进的地方？这个问题一直萦绕在王孝涛的脑海之中。研究工作不能满足于单纯的继承，不但要知其然，还要知其所以然。中药炮制的目的是为了“减毒增效”，以保证中医临床用药达到一定的安全性和有效性。王孝涛认为，首先应该从有毒中药的炮制做起，要把每一味中药的每一种炮制方法都进行科学研究，使中药炮制在当今更好地为社会服务，给患者带来福祉。

天南星科植物中有多种常用有毒中药，王孝涛首先把目标定位在天南星科药物上。天南星科的半夏、水半夏、白附子、天南星（虎掌）等，均为中医常用的燥湿化痰药。由于其生品均具有强烈的刺激作用，被中医列为毒性中药。药典规定内服“一般炮制后用”。为了探知半夏等炮制的制毒（意为解毒，下同）原理，进行炮制工艺的改进，1973 年王孝涛经过生产质量调查，组成专题研究组，对半夏（清半夏、法半夏）炮制的历史沿革、炮制工艺、炮制药理和临床验证等进行较为系统的综合性研究。本草文献中早有生半夏“戟人咽”等毒性反应和入药炮制的记述。历代医药学家多以“去其毒”为指标，在炮制的试制试用中不断加以改进和创制新的炮制法。半夏炮制方法见于文献的有70多种，而今各地沿用的有清半夏、姜半夏、法半夏、青盐半夏、苏半夏、京半夏、仙半夏、竹沥半夏等8种，此外，古今均有少数以生品入汤剂或外用的。从制法沿革看，最早是采用简易的“汤洗”、“水煮”等法，以后逐渐从单一辅料发展到多种辅料递浸或煎制药汁浸制，炮制工序日趋繁杂，有的辅料达14种之多，时间长达42天之久。其中在全国沿用最多的有清半夏的矾煮制法和姜、矾煮制法及法半夏的石灰、甘草浸制法和姜、甘草、石灰浸制法等。1975年王孝涛研究组深入天津饮片厂与中药老师傅合作，以《药典》规定的质量传统经验鉴别“口尝微有麻舌感”为指标，进行了生姜、白矾、石灰、甘草、皂角等辅料消除半夏麻舌感效果的比较实验，其中以白矾、石灰为最佳辅料。并以干品半夏为原料，在多种炮制工艺中，优选出清半夏的8%矾水浸制法及矾水热压法为最佳；法半夏以保持pH值12以上的石灰、甘草混合液的浸制法为最佳。经过毒理和药效的比较研究，表明半夏生品具有一定的毒性反应，主要表现在对口腔、咽喉、眼及胃肠黏膜的刺激作用，而清半夏、法半夏新法制品的刺激作用有明显减低，能达到“减毒”的效果。在实验条件下，清半夏和法半夏的新制品具有明显的祛痰、止咳和镇吐的药效。新制品的片剂，经过防治慢性气管炎的临床验证，均有较好的治疗效果，清半夏显效率为14.29%，有效率为85.71%；法半夏显效率为20.51%，有效率为85.18%。同时认为临床治疗效果以镇咳、祛痰较好，有一定的平喘作用。经过生产中试、动物实验和临床验证，表明清半夏、法半夏的新制品既降低了毒性，又保持了疗效，说明两种新炮制工艺都是可行的。与老工艺（《药典》法）相比，具有节约能源、缩短生产周期、减低损耗率等优点。最后依据《中华人民共和国药典》标准规定的鉴别、检查等项内容，制订了新的清半夏、法半夏饮片质量标准。由于半夏的毒性和药效物质尚不清楚，又制订了以家兔眼结膜刺激的生物检定法为质控的新指标。新炮制工艺亦适用于水半夏的炮制。清半夏、法半夏的新法炮制工艺，被《中华人民共和国药典》（1985 版以来各版）一直收载。该研究成果获 1980 年卫生部科技成果乙级奖。1997 年，王孝涛研究组在借鉴清半夏、法半夏的科研程序的基础上，又试制成功以鲜半夏投料的清半夏、姜半夏、法半夏的炮制新工艺。

1978 年根据科研需要，王孝涛再次充实中药炮制科学实验室，在继承传统炮制技术的基础上，积极采用现代科学技术对中药传统炮制进行科学研究。借鉴半夏炮制原理研究的成功经验，1986 年王孝涛又主持了白附子、天南星炮制工艺的进一步改进研究。由于白附子、天南星属于多品种来源的药材，经过实地调查和本草考证，他认为研究材料应选用品种明确、产量较大、质量优、销路广的主流药材为准。最终实验材料的选择为：白附子选用主产于河南禹县地区的种植品“禹白附”，其品种来源为天南星科植物独角莲（Typhonium giganteum Engl)；天南星亦选用河南地区的种植品“虎掌南星”，其品种来源为天南星科植物虎掌(Pinellia pedatisecta Schott)。

白附子入药炮制始见于宋代，见于文献的炮制方法有 10 多种，而矾制法为近代新发展的一种制法。全国 26 个省、市、自治区现行沿用和新创的炮制方法至少有 7 种，在各种制法中除辅料单一用姜者外，其他均采用白矾为辅料或在白矾基础上增加一种或两种其他辅料共制，最常用的是矾制和矾、姜制两种。天南星入药炮制始见于唐代，见于文献的炮制方法有50多种，现今各地沿用的至少有8种之多。其中主要有姜、矾煮制法和姜、矾腌水煮制法，其次是姜汁、白矾腌制法和矾水煮制法。借鉴半夏炮制的科研思路，以《药典》规定的质量传统经验鉴别“口尝微有麻舌感”，结合毒性实验为指标，优选出最佳的炮制工艺，制白附子和制天南星均以6%矾水浸湿片制法和6%矾水浸湿片的热压法为最佳。经毒理和药效实验研究表明，白附子、天南星的生品同样呈明显的毒性反应，主要表现为对口腔、眼、胃肠黏膜和皮肤有强烈的刺激作用，而两者的新法制品和老法（《药典》法）制品相比，其毒副作用均有明显减弱或消失，同样达到“制毒”的效果。制白附子新制品具有明显镇静、抗惊厥、抗炎和轻度的止痛作用；制天南星亦具有镇静、抗惊厥、抗炎和祛痰作用，两者都保持了与老法（《药典》法）制品相同水平的药效。说明制白附子、制天南星改进的炮制新工艺是可行的，与老工艺相比具有缩短生产周期、节约辅料和能源、降低损耗率等优点。再按《药典》标准规定，制订了新法制白附子、制天南星的饮片质量标准。制白附子的研究成果，获1992年国家中医药管理局科技进步三等奖。制天南星的研究成果，获1994年中国中医研究院科技成果三等奖。

药典是一个国家记载药品标准、规格的法典，一般由国家卫生行政部门主持编纂、颁布实施。制订药品标准对加强药品质量的监督管理、保证质量、保障用药安全有效、维护人民健康起着十分重要的作用。我国的药典是从本草学、药物学以及处方集的编著演化而来。药典的重要特点是它的法定性和体例的规范化。《中华人民共和国药典》一部为中药部分。从

1959年起王孝涛就开始参加《中华人民共和国药典》一部的编纂工作，首次完成中药饮片炮制工艺和饮片质量标准部分，为中药饮片、炮制工艺立法作出了重大贡献。1978年任第四届卫生部药典委员会委员，再次增补完善了中药饮片的炮制工艺和质量标准。1983年受卫生部委托，他联合其他同行，历经3年，在调查、研究和搜集全国各省、直辖市、自治区现行的《中药炮制规范》的基础上，首次完成编订《全国中药炮制规范》，这是我国第一部全国性的关于中药饮片生产和产品质量的规范与技术标准，对提高中药饮片质量，控制和完善中药质量管理具有重要意义。全书共收载常用中药554种及不同规格的制品（饮片）923种。可指导中药饮片生产，更好地保证和提高中药饮片质量，提高中医临床疗效，可谓我国第一部全国性、法定性的炮制规范蓝本。

为培养炮制学科的接班人，从1978年起，王孝涛开始招收中药炮制学科硕士研究生、博士研究生。1991年当选为首批全国老中医药专家学术经验继承工作指导老师，以师带徒方式，尽心培养中药炮制的高层次科研人才；并为“全国中药炮制师资进修班”、石油化工部“西药学中药班”、北京军区的“中医中药学习班”，以及日本、朝鲜、越南、泰国、韩国、马来西亚等留学生、进修生讲授中药炮制课程，培养中药人才。为表彰他在培养中医药人才方面所作出的贡献，1994年人事部、卫生部、国家中医药管理局向他颁发了荣誉证书。

王孝涛的弟子中，有许多人已成长为中药炮制的技术骨干或学科带头人。硕士研究生于留荣，现任第一军医大学中医系中药炮制、制剂教研室主任，长期从事中药新药和饮片的研制，获全军科技成果奖7项，荣获三等功3次，兼任国家和全军新药审评委员兼中药组组长、全军科学技术进步奖军事医学专业评审委员等职。查文清，现任深圳市南山区人民医院药剂科主任中药师，从事药物研究开发、制剂生产及药物临床应用评价等工作，先后主持完成国家、省、市级科研课题多项。博士研究生李春生（台湾），现任台湾中西整合学会监事长，台湾养生学会秘书长等职。博士后学术经验传承人曹晖，一直从事中药材、饮片 DNA 指纹分析研究，先后主持和完成了国家“九五”科技攻关项目、“八六三”计划及广东重点突破等重大科技项目，多次荣获国家及省市级科学技术进步奖、中医药科技成果奖、优秀论文等诸多奖项。2001 年被聘为国家中药现代化工程技术研究中心副主任，博士研究生导师，兼任国家发改委药品价格评审专家、国家保健食品评审专家及国家自然科学基金委审评专家等职。

继往承祖训　开来创新篇

经过数十年的中药炮制研究，王孝涛发现了许多具有逻辑性的规律，从中可以升华出新的理论，更好、更有效地指导中药炮制工作。在他的学生兼助手曹晖等人的协助下，这些理论逐步见诸报刊，并为人们所接受。

一、探讨炮制起源

任何一个学科都有萌芽发生、成长壮大的过程。作为一个从小就热爱文学和历史的科学工作者，王孝涛更加熟谙其中的道理。中药饮片炮制技术是在什么条件下产生的？它的产生要达到什么目的？它的目的达到没有……这一系列的问题长期困扰着王孝涛，他明白中药炮制同样是在抗病用药的基础上创立和发展起来的。但它有什么个性呢？他一有时间就翻阅古书，以致妻子有时会埋怨他就知道看书，别的什么也不会。他却在和古人的交流对话中搞清楚了一个个疑难问题。古人告诉他，炮制技术的出现基于如下的条件：一是天然药物的发现，二是熟食法的出现，三是酿酒的发明，四是陶器的发明，五是中药古制剂汤液（汤剂）的创制等。

（一）天然药物的发现。王孝涛了解到先民在觅食中发现了“毒药”，进而又发现这些“毒药”竟然可以治病。随着医药技术的进步，为了更好地发挥药效，人们又将天然药物进行一定的加工。相传在我国黄帝时期臣子桐君就掌握了这样的技术，并有《桐君采药录》用以辨别天然药物的根茎叶花实等形态、颜色以及花期、果期等。为了服用方便就将药物进行清洗，劈掰成小块或㕮咀成粗粒等，进行简单加工，进而这些简单加工技能逐步积累和发展，成为早期中药饮片炮制的“净洗法”和“切捣法”。

（二）熟食的出现。火的利用以及人工取火的发明，是人类的一大进步，从此原始人由“茹毛饮血”的“生食”生活转入“熟食”生活。人类在烹制食物时采用的方法，如谷物的蒸炒法和肉类的炮炙法等，为中药“炮炙法”、“药炒法”的直接起源。

（三）酿酒的发明。酒是用于炮制中药的重要辅料和制药溶媒之一。我国酿酒的起源亦很早，甲骨文和大量出土文物可资证明。古人在长期生活实践中，发现酒对人体健康的作用，从而直接用酒来医病，或用作制药的溶剂而制成“药酒”抗病。而后利用酒来作为早期中药炮制的辅料之一，亦是很自然的事了。

（四）陶器的发明。制陶在我国仰韶文化时期（公元前5000年左右）已有相当水平。有了陶制的烹饪器、饮食器和储存器，即可应用于液体食物的制备和饮料的贮放。这些都为早期中药炮制的蒸制法、煮制法、煅制法（运用陶制煅药罐）以及存放古制剂即中药汤液（汤剂）等创造了必要的器具条件。

（五）汤液的创制。汤液是中药汤剂的古称，是最早的传统制剂之一，相传始创于商朝。晋代皇甫谧《针灸甲乙经》序中说，“伊尹撰用神农本草以为汤液”，又说“仲景广伊尹汤液为数十卷”。可见公元 2～3 世纪已有汤液始于伊尹的说法。伊尹是商汤的一位宰相。相传伊尹善于烹调，熟知食物的医疗作用和药物的性能，他在讲述烹调的道理时曾提到有“和之美者，阳朴之姜，招摇之桂”（《吕氏春秋·孝行览·本味篇》）。姜和桂既是烹调的常用调味品，又是中医常用的解表药。这说明药物的发现和使用与人们的饮食是有密切关系的。

通过对古代炮制技术起源的考察，王孝涛认为，炮制技术起源于生活，与饮食的发展有着极为密切的联系。

二、中药采制控质论

中药采制是制备优质中药材的一门传统制药技术，在长期的中医医疗用药和中药生产实践中，渐渐形成较为系统的理论和制作技术，由此保证中医临床用药的质量。王孝涛在药材产区向老药农调查总结采药、制药和种药经验时发现，药农有着丰富的控制药材质量的经验，其口述中常提到“道地药材”、“严守季节”、“采挖条件”和“干燥要求”等特定制作常规。王孝涛查阅了大量古本草和医方文献，发现其中记述有关中药采制的史料非常丰富，认为“夫药采取，不知时节、不以阴干、暴干，虽有药名，终无药实，故不依时采取，与朽木不殊，虚费人功，卒无裨益”，已明确采用“药出州土”、“采造时月”、“药藏”以及“出产择地土”、“采收按时月”、“藏留防耗坏”等作为中药材质量控制的法则，并较系统地指出，中药材的生长区域、生长期（年）限、采药季节、干燥条件、藏储期限等都与其药材质量有密切关系。就此王孝涛又在继承整理文献的基础上，结合药材生产实际经验并吸收现代科研资料为论据，提出“中药采制控质论”的见解。

（一）“药出州土”。梁代陶弘景在《本草经集注》中论述药材生长区域和生长期限对药材质量的关系时就已指出：“诸药所生，皆的有境界……多出近道，气力性理，不及本邦……今诸药采造之法，既并用见成，非能自掘。”根据《千金翼方》记载，唐代规定全国133州所产的519种道地药材可入药配方，“其余州土皆有，不堪进御”。这些经验成为后世以“道地药材”为指导辨别优质高效药材的可靠依据。

如中药秦皮，传统以秦地（陕西）产品为道地，唐代《新修本草》指出，“取皮渍水便碧色（荧光），书纸者看青色者是”。秦皮内含药效成分为秦皮甲素和乙素，经检测其含量，以陕西产品种为最高，分别达7.58%和2%，而四川产品种为其次，分别是2.61%和0.8%，新疆产品种仅为痕量，不宜入药。秦皮甲素含量高，其荧光反应亦强。这与传统品质鉴别经验是一致的。

黄芪传统以汾（山西）芪为道地，其黄芪甲苷含量在0.063%～0.12%，而黑龙江产的为0.03%，四川产的为0.063%，甘肃产的红芪无黄芪甲苷，此外硒的含量山西产地亦高于其他产地3～6倍。

道地药材“怀地黄（河南）”，其内含的梓醇和总还原糖的含量，均高于非道地的山东、浙江和广东的产品。同样“岷当归（甘肃）”所含的挥发油、阿魏酸及其水、醇浸出物的含量，均高于非道地的陕西、四川、云南和湖北的产品。

（二）“采造时月”。陶弘景谓：“本草（采药）时月……其根物多以2月、8月采者，谓春初津润始萌，未冲枝叶，势力淳浓故也。至秋则枝叶干枯，津润归流于下。今即事验之，春宁宜早，秋宁宜晚，其华、实、茎、叶乃各随其成熟尔。”为严格控制用药标准，孙思邈在《千金翼方》中共记载了238种中药的采集时间和干燥方法（阴干、暴干、火干、日干等）。中药材的不同采收时节期限，对其内含药效物质有一定影响。

如中药枳实应以“鹅眼枳实”为佳，即在五月上旬到六月下旬末采制，其所含各类药效成分量为最高，所含挥发油量为1.13ml/g，橙皮苷为6.32%，辛弗林为0.382%，N-甲基酪胺为0.036%。这与本草要求取未成熟幼果入药是相一致的。中药丹皮和芍药，均含有效物质芍药苷和丹皮酚类成分，其含量在4月中旬和7～8月最低，以5～6月和9～10月最高。这与传统根类药材采收季节宜初春和秋季是一致的。中药青蒿含有青蒿素，其含量4月中旬

（幼苗期）为0.098%，5月中旬到6月中旬（成苗期）为0.181%～0.398%，7月中旬至8月中旬（生长盛期）为0.592%～0.651%，9月中旬（花蕾期）为0.673%，10月中旬为0.748%。虽然结果显示花（蕾）期和果期青蒿素比生长期分别高3.38%和14.9%，但此时青蒿植株的主要营养体叶片重量明显下降。实验还表明：生长盛期叶片干品重量比花（蕾）期和果期分别高15.41%和42.74%，故生长盛期的青蒿素获得率高于花（蕾）期和果期。因此认为，青蒿采收期应在生长盛期至花（蕾）期之前，这亦与传统采收茎、叶“各随其成熟尔”是相一致的。

中药的采收期限与其所含药效成分是相关的，亦是传统用“采造时节”来控制药材质量的又一道理所在。

（三）“药藏”。古人一直重视药材及饮片的贮藏。唐代孙思邈认为“合药所须，极当预贮”，指出：“凡药，皆不欲数数晒暴，多见风日，气力即薄歇，宜熟知之。诸药未即用者，候天大晴时，于烈日中暴之，令大干，以新瓦器贮之，泥头密封。须用开取，即急封之。勿令中风湿之气，虽经年亦如新也。”明代《本草蒙筌》还记载了许多药材特殊的药物对抗贮藏方法，如“人参须和细辛，冰片必同灯草；麝香宜蛇皮裹，硼砂共绿豆收；生姜择硇砂藏，山药候干灰窖。”此等说明了中药贮藏的目的、容器和条件以及贮藏、干燥与其药效的关系。

中药不同干燥法对所含的药效成分的保留是有影响的。中药有宜暴干或阴干的不同要求。研究表明：日光和温度是影响中药所含物质的两大因素。如中药丹皮经暴晒（48℃，4 小时）其丹皮酚含量为 0.94%，而烘干（80℃，2 小时）为 7.023%，暴干较烘干多损失 6.31%，故丹皮宜烘干。此外，含挥发油类成分的中药如薄荷、荆芥等，久经暴晒，可使药效成分挥散而失去其药用价值。含脂肪油、黏液质及糖类成分的中药如当归、白术、牛膝、杏仁、柏子仁、麦冬、党参等，经暴晒可随温度升高变软，可使油脂外溢而出现“走油”或氧化分解而酸败变质。

中药贮藏应有一定期限，贮藏过久可使药效成分受影响而下降。研究表明：中药苦杏仁中含有苦杏仁苷，当贮藏一年后，苦杏仁苷含量从 4.95％下降为 4.37％，其炮制品由 4.18％下降为 3.66％。中药地黄中梓醇成分在干地黄药材中当年含量为 0.811％，而贮藏一年后即下降为 0.514％。

中药干燥条件和贮藏期限对中药内在成分是有显著影响的。干燥不得法，贮存超过期限会直接影响药材质量。中药采制主要在于循因择优产区（科学种植）、适时采收（合理加工）、贮藏保管（科学养护）等传统生产法则，唯此才能有效地控制中药材质量的稳定性。

王孝涛认为，应重视中药采制技术的继承、整理和科学研究，要在全面继承总结传统中药采制技术的基础上，采用现代科学技术进行系统的研究，并把中药采制法则内容列为中药材质量控制的科学指标，进而促使实现中药采制的规范化和标准化，用来控制中药材质量以达到安全、有效、稳定、可控的科学标准。

三、中药炮制制毒论

王孝涛深知，中医采用“毒药”来治病，自古就有“以毒攻毒”之说。临床证实中医既能很好地发挥“毒药”的治疗作用，又能严格控制其毒副反应对人体的危害，以达有效安全，这主要是依靠炮制技术来实现的。《神农本草经》中就有“若有毒宜制，可用相畏、相杀者，不尔，勿合用也”的记载。中药炮制目的之一是为了减低毒性（制毒）。中药炮制的“制毒论”是中药传统制药技术的理论精华所在。

为探知“炮制制毒”这一中医用药特点，

王孝涛对天南星科药物进行了炮制工艺的实验研究，证实中药炮制“制毒”是有科学道理的。国内同行也做了类似的工作，从不同角度证实中药炮制的减毒作用。根据记载，中药附子早在汉代就采用高温的“炮”法来处理，至宋代始改用水浸漂或采用辅料（黑豆、醋、姜、盐）煮制等法以达其“制毒”的目的。对附子炮制工艺过程的化学和药理研究初步证明，附子炮制经水漂能使其所含的有毒的乌头碱类成分含量降低78%～82%，其毒性亦降低了。经水漂后再采用不同辅料（如甘草、黑豆、金银花、皂角、醋、姜、豆腐等，选其中一种或两种）煮制，结果均能起到进一步的解毒作用，达到安全的药用标准。这些研究说明：乌头类中药炮制的“制毒”原理，一是经过水漂制时可减低水溶性的有毒成分；二是通过高热处理，将其毒性极大的双酯型乌头碱，水解为毒性极弱或无毒性的乌头胺，从而达到安全“制毒”的目的。

苦杏仁是中医常用止咳平喘药，有“小毒”，炮制后入药。结合中医用药的炮制和剂型特点，认为其有毒成分为氢氰酸，是由其所含苦杏仁苷经共存的苦杏仁酶水解后的产物。亦是其止咳、平喘的药效成分。通过化学及动物实验证明，其炮制原理主要是在于破坏苦杏仁酶的活力，而保存苦杏仁苷，并认为苦杏仁苷经口服后，在体内可缓缓分解而产生微量氢氰酸，从而起到镇静呼吸中枢的作用，既起到止咳平喘的药效又不致引起中毒。实验证明，当酶存在时，苦杏仁苷易被水解，苦杏仁生品用冷水煎煮时，苦杏仁苷因水解损失达95%～98%，而用沸水煎煮，即可保留苦杏仁苷达65%。

芫花被中医列为泻下逐水药，生品有毒性，一般醋制后入药。研究表明：其所含芫花酯甲成分具有很强的毒性，对皮肤、黏膜有强烈的刺激作用。传统炮制认为，醋制可降低其毒性，并可提高其利水作用。经检测不同炮制品的芫花酯甲含量，均有所降低，降低率依次为醋炙品（45%）、醋煮品（18%）、清蒸品和高压蒸品（10%），这说明芫花经醋炙可降低其毒性。炮制对芫花药效的影响表明，醋炙品刺激性最低，而利尿作用最强。

中药炮制可通过：①消减有毒成分的含量；②破坏或改变其有毒成分的化学结构；③与特定的炮制辅料起解毒作用；④破坏共存酶的活力，防止其酶解作用等，以达到其“制毒”的目的，保证临床用药安全和有效。

四、中药炮制增效论

中药炮制不仅仅能减毒，还能增强临床疗效。中药经酒制、煨制、姜制、蜜制等处理后可改变药性作用，以适合临床的需要。中药炮制的“增效论”也是中药传统制药技术的理论精华所在。

中药炮制对其制品（饮片）入制剂后要求药效成分保持较高的含量水平，从而发挥其临床疗效作用，这与传统炮制可改变药性达到“增效”之说是相一致的。

如延胡索（元胡）是中医常用的止痛良药，为了提高其止痛效果，自宋代始采用其醋制品。现代药物分析已知，延胡索含有多种生物碱成分，其中延胡索甲素、乙素均有镇痛作用，尤以左旋延胡索乙素镇痛作用较为明显。研究证明：当元胡生品和醋元胡入汤剂时，其生物碱的煎出量是不同的。生元胡水煎液中的总生物碱含量（相对值）为25.06％，而醋元胡为49.33％。初步说明醋制元胡的水煎剂中其总生物碱含量要比生品高一倍，其止痛效果亦增强。这与元胡经醋制后，其生物碱与醋酸作用生成易溶于水的生物碱盐有关。

槐花是中医的理血药，多用于凉血止血。自宋代始用其制品（炒槐花、槐花炭）入药，提高疗效。槐花中主要含有芸香苷（芦丁）、槲皮素和缩合鞣质等药效成分。芸香苷能防治毛细血管脆性过大及毛细血管渗透性过高而引起的出血，并有降低血压等作用。缩合鞣质能与黏膜表面蛋白质结合形成一层致密的保护膜，因而可减弱炎症的局部反射，呈收敛止泻止血等作用。研究证明：槐花生品经炒制可破坏与槐花共存的鼠李糖转化酶的活力，使其不受酶解而保留其药效成分。同时当其入汤剂时亦能提高芸香苷的煎出量，槐花生品芸香苷煎出量为3.53%，而炒槐花为7.23%，制炭后其鞣质含量亦比生槐花高，槐花生品鞣质含量为0.66%，而槐花炭为2.57%，槐花中芸香苷含量愈高制炭后鞣质含量也愈高。

中药炮制主要是通过：①增高药效成分在汤剂中的煎出量；②破坏共存酶的活力，保存药效成分的含量；③削减或破坏与治疗无关的成分，而充分发挥治疗所需的成分；④与某种炮制特定辅料起到协同作用，高温处理会改变固有作用等，以达到其“增效”的目的，提高临床的治疗效果。

王孝涛根据自己多年从事中药炮制研究的经验，不断寻找发现其中的规律，把它们升华成理性认识，从而把炮制从工坊中的工艺技术上升为炮制学的理论学说。

建言为民众　献策兴国医

1983年以来，王孝涛连任全国政协第六、七、八、九届委员及第八届全国政协科教文卫体委员会委员。他认真履行政协委员的职责，充分发挥自己的专长，尽力为振兴发展中医中药事业建言献策。他每年安排时间，积极赴各地学习、视察和专题调研，先后参加了对广东普宁、山东舜王城、浙江苍南等地区中药材市场的调研，并针对市场中存在的问题，提出加强市场科学管理、整顿和规范药材市场及治理市场出售假劣药品等的措施。平时他认真学习国家的大政方针政策和有关人民政协方面的理论文章，不断提高自己的理论水平、参政议政的能力。他在参加全国政协会议期间，先后亲自起草《修订〈中华新本草〉》、《依法保护野生药材资源》等70多件提案，并提交《依法管药造福于民》、《医药结合振兴中医中药》等10多件大会发言文稿。他的提案和大会发言文稿内容，其中有“振兴中医中药”、“保护、修复和利用本草古籍”、《依法治理规范中药材专业市场》、“修订《全国中药炮制规范》”、“依法保护野生中药材资源”以及“开发大西北特产的民族药和道地中药材”等建议，引起国家有关部门的重视。

1984年，为振兴中医中药和全面总结中医中药的科研成果，王孝涛在六届二次全国政协大会上提交了“修订《中华新本草》”的建议。卫生部和国家中医管理局对此十分重视，组织全国中医中药专家进行论证，落实合作编写计划草案，最终定名为《中华本草》，王孝涛任副总编。经过10年的努力，1998年《中华本草》

精选本出版，1999 年全书 30 卷正式出版。该书是集两千余年传统中医药学之大成，并显示着当代科学水平的本草巨著，收载中药 8000 余种。

1988 年，王孝涛针对当时药材市场出现制假售假，危害人民生命并造成死亡事故等现象，向七届一次全国政协大会提交了《以法管药造福于民》为题的大会发言文稿，揭露了当时某些地区出售假劣药品的品种名单、生产厂家和服用假药而致死的人命案件等，并分析了产生制假售假的原因，并提出依法治理的措施。这篇文稿后被选为大会发言，并通过中央电视台、中央人民广播电台向全国播放，引起了各级政府部门的重视和社会广大民众的强烈反响。2001 年，王孝涛针对“单味中药饮片浓缩颗粒”、“免煎饮片”、“免煎汤药”等中药产品名称不统一对中药市场造成的混乱，向九届四次全国政协大会提交了《关于加强“浓缩颗粒”

产品质量管理》的提案。国家食品药品监督管理局随后在杭州召开了有中医中药专家参加的专题讨论会，确定统一产品名称为“中药配方颗粒”，以区别于中药饮片和中成药的“颗粒剂”，并发出《中药配方颗粒管理暂行规定》的通知和《中药配方颗粒质量标准研究的技术要求》，以及实行产品批准文号管理等措施。

参政议政的工作，显示出王孝涛对祖国对人民的无限热爱，对党和政府强国富民方针政策的拥护，对祖国中医中药事业的敬业精神。他幽默地说：“我心里装有‘一砣一线’，那就是有个强国富民、振兴中医中药的秤砣，有一条以 1949 年为标准的历史界线，用来对称前后两个社会，谁个轻谁个重，心里是有数的。”王孝涛在中医中药科研事业中，整整奋斗了半个世纪。他常自谦“我的科研工作仅仅是为继承发展中医中药做了点铺路修桥之事而已”，更希望后进者在中医中药的继承创新中，尽快使中医中药在现代化的大道上腾飞，让祖国中医药学在世界上发扬光大，为全人类的健康长寿作出更大的贡献。

淡淡豁且达　悠悠寿而康

年过八旬的王孝涛，仍然坚持读书、工作。人们经常可以在中国中医科学院的院子里和中药研究所的走廊里看到他手拄着拐杖去“上班”。办公室和他退休以前一样，桌上堆满了书籍、文件和大小不等的纸片。他的一只眼睛因为过劳已经失明，他幽默地给自己取了一个笔名叫“王一目”，暗喻“了然”之意。

问起他的养生经验，他爽快地说，主要是两个方面，一个是科学饮食，一个是恬淡虚无。饮食方面，他讲究不要吃“好”的、贵的，而是要吃得合理，吃身体所需要的。比如别人喜食海鲜，他就常吃海带和紫菜。他坚持吃得杂，吃粗粮，各种食物混合搭配。他喜爱吃豆类食品，每天喝豆粥。王孝涛夫人蒙光容是制剂专家，退休后常把专业知识用在烹调上，她经常把各种时令蔬菜、水果打制成蔬果粥食用，既有营养，又易消化。

王孝涛平时喜欢听古诗词的朗诵吟唱。他的同乡、著名男高音歌唱家姜嘉锵赠送给他一盘古典诗词的演唱录音带，他爱不释手，转刻成光盘，反复聆听，听得陶醉其中，心旷神怡，乐趣无比。

王孝涛认为乐观是长寿的关键，要在精神方面加强修养，好话坏话都要听。听到别人的批评，他也会很高兴，认为这是表明自己有人缘，受到他人关心，自己度量大，他人才愿意批评，如果没有人批评就说明自己被别人忘记了。对于荣誉，他认为都是身外之物。对于物质享受，他从不去追求。有位在台湾的同学来访，看到他忙里忙外地买菜做饭，家居生活极简朴，小心翼翼地问他："你真是全国政协委员吗?"他笑道："当然。"年迈的姐姐到北京来看望他，见他又忙工作又自理生活，心疼地说："走吧，和我回老家去吧！我一个星期赚的钱够你一个月挣的了，我能养得起你。"王孝涛回答："不行啊，我已是交给党和国家的人了。我所学所研究都是为了国家啊，怎么能够自己贪图享乐呢!"

在为人方面，王孝涛对待有声望地位的人和普通百姓都一视同仁。他说大家在人格上都是平等的。经常可以见到他和门卫说笑，同研究生"称兄道弟"。或许这就是孔子所说的"仁者寿"吧。

如今，进入耄耋之年的王孝涛，身体健康，精神矍铄，思路清晰，勤奋不辍。他在中药炮制领域作出的卓越贡献和鞠躬尽瘁、奋斗不息的精神，已成为我国中医药事业的宝贵财富。

（撰稿人　张瑞贤）

《中华中医昆仑》丛书150位医家名录

（按生年排序）

张锡纯	丁甘仁	萧龙友	王朴诚	恽铁樵
曹炳章	冉雪峰	谢　观	施今墨	汪逢春
孔伯华	黄竹斋	吴佩衡	蒲辅周	陈邦贤
李翰卿	李斯炽	姚国美	陆渊雷	张泽生
时逸人	张梦侬	叶橘泉	王聘贤	陈慎吾
邹云翔	赵炳南	承淡安	余无言	刘惠民
岳美中	沈仲圭	秦伯未	赵锡武	韦文贵
程门雪	黄文东	赵心波	董廷瑶	吴考槃
章次公	石筱山	陆南山	张赞臣	李聪甫
刘绍武	陈存仁	朱仁康	陆瘦燕	姜春华
韩百灵	高仲山	李克绍	王鹏飞	刘春圃
金寿山	哈荔田	何世英	周凤梧	干祖望
关幼波	王为兰	任应秋	罗元恺	祝谌予
杨医亚	郭士魁	何时希	耿鉴庭	俞慎初

裘沛然	顾伯华	江育仁	邓铁涛	门纯德
刘渡舟	尚天裕	朱良春	李玉奇	程士德
尚志钧	赵绍琴	董建华	米伯让	李辅仁
张珍玉	班秀文	颜正华	于己百	颜德馨
路志正	方药中	王乐匋	黄星垣	谢海洲
余桂清	何　任	王子瑜	程莘农	陈彤云
焦树德	张作舟	张　琪	李寿山	张镜人
王绵之	方和谦	印会河	王玉川	蔡小荪
李振华	马继兴	王嘉麟	宋祚民	刘弼臣
王雪苔	刘志明	吴咸中	李今庸	任继学
裴学义	王宝恩	周霭祥	贺普仁	唐由之
赵冠英	许润三	金世元	陆广莘	刘柏龄
徐景藩	吉良晨	吴定寰	沈自尹	王孝涛
张灿玾	周仲瑛	强巴赤列	张代钊	李经纬
郭维淮	柴松岩	苏荣扎布	陈可冀	李济仁
夏桂成	郭子光	巴黑·玉素甫	张学文	陈介甫